Contraste insuffisant
NF Z 43-120-14

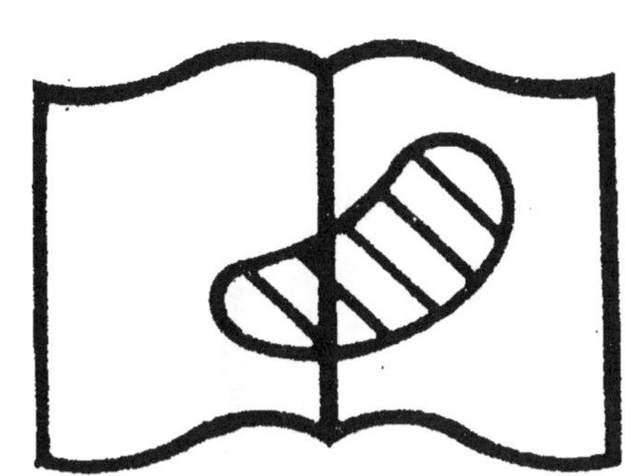

Illisibilité partielle

VALABLE POUR TOUT OU PARTIE DU
DOCUMENT REPRODUIT.

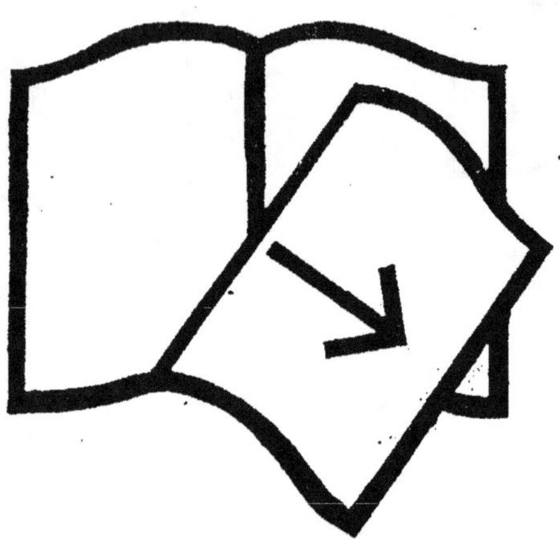

Couverture inférieure manquante

Original en couleur

NF Z 43-120-8

UNE PAGE D'HISTOIRE

Épisode des Guerres de Religion du XVIᵉ Siècle

dans le Mortainais

Par M. Hipp. SAUVAGE

AVRANCHES

IMPRIMERIE TYPOGRAPHIQUE & LITHOGRAPHIQUE DE JULES DURAND

Rues Boudrie, 2, & Quatre-Œufs, 24

1895

UNE PAGE D'HISTOIRE

Episode des Guerres de Religion du XVIe Siécle

dans le Mortainais

Par M. Hipp. SAUVAGE

AVRANCHES

IMPRIMERIE TYPOGRAPHIQUE & LITHOGRAPHIQUE DE JULES DURAND

Rues Boudrie, 2, & Quatre-Œufs, 24

—

1895

UNE PAGE D'HISTOIRE

Episode des guerres de Religion du XVIe *siècle*
dans le Mortainais

L'histoire a conservé le souvenir des fureurs que le fanatisme religieux provoqua au XVIe siècle entre les catholiques et les protestants. Elle a retenu les noms de plusieurs de leurs chefs : mais elle a jeté un voile sur ceux de beaucoup d'entre eux qui demeurèrent au 2e rang. C'est ainsi que le baron des Adrets, entre tous, est resté célèbre par ses cruautés.

Certainement du Touchet dont nous voulons reconstituer la figure ne peut lui être comparé ; mais il a laissé de nombreuses traces de son existence et nous voulons la faire revivre, parceque de nombreuses erreurs ont été commises à son sujet. Son nom patronymique même est inconnu : on l'a constamment désigné sous celui de l'une des seigneuries qu'il possédait. De plus, quoique mort dans les premiers six mois de l'année 1579, la France protestante (1) le fait vivre dix ans au moins de plus, jusqu'en 1589, qu'elle le fait à tort figurer comme gouverneur de Falaise et prisonnier du duc de Montpensier, par qui il fut vaincu.

(1) Eug. et Em. Haag. *La France protestante.* 1853. t. 4, p. 519, article du Touchet.

Jehan d'Oissey — tel était son nom, — naquit au château de la Cour de Touchet, vers 1544 ou 1546. Il était fils de noble homme Jacques d'Oissey, écuier, seigneur de Touchet, et de Françoise des Loges (1). Sa mère, déjà veuve en 1559, avait la tutelle de son fils et elle prenait alors le titre de sa gardienne sous l'autorité royalle (2). Ce fut en cette qualité qu'elle rendit aveu à Louis de Bourbon, duc de Montpensier et comte de Mortain, des terres et seigneurie de Touchet, plein fief de Haubert, qui s'étendait dans les trois paroisses de Touchet, de Villechien et de Ferrières. Son fils y était désigné sous les dénominations d'écuier, seigneur de la Vallée et de Touchet (3). Il n'attendit donc évidemment pas l'accomplissement de sa majorité pour se mêler aux luttes qui agitaient alors la France, depuis quelques années déjà, et particulièrement la Basse-Normandie.

Le comté de Mortain, en effet, avait eu grandement à souffrir des nombreux protestants qui s'étaient amoncelés à Condé-sur-Noireau et dans les environs. Une vingtaine des églises de notre contrée avaient été brûlées et pillées par eux, avec les croix et les ornements du culte catholique. Parmi elles on comptait celles de Romagny, Fontenay, Le Mesnilard, Isigny, Landelles, Touchet et Milly. Les Condéens avaient ainsi jeté la terreur un peu partout ; aussi le chapitre de la collégiale de Mortain, ainsi qu'un grand nombre de *curés, gens d'église, gentilhommes, trésoriers, marguilliers* et *autres gens du tiers état,* avaient, dès les premiers jours de 1562, protesté contre un édit récent donné à Saint-Lo, par le duc de Bouillon, gouverneur et lieutenant général du roi en Normandie. Tous avaient demandé avec instance qu'on laissât entre leurs mains *leurs bâtons, armes à feu et autres moyens de défenses.* Ils disaient qu'autrement toutes les églises du comté seraient « ruinées, brûlées, rompues et dépouillées de leurs ornements, calices et autres joyaux, croix, images et tableaux. » Ils ajoutaient que le service divin serait » partout interrompu, ainsi qu'il avait été fait en la plus grande

---

(1) Archives de la Manche. Manuscrits. Série A. Art. 592.
(2) Archives de la Manche. Manuscrits. Série A. Art. 592.
(3) Archives de la Manche. Manuscrits. Série A. Art. 1793, liasse.

partie des bailliages de Caen et du Cotentin, et spécialement en la vicomté de Vire où ne se disaient aucunes messes, mais où se chantaient seulement les psaumes de Marot, et où se faisaient les prêches par les ministres des Hussenots. »

Malgré ces réclamations et pour donner une sanction à l'édit, le duc de Montpensier enjoignit néanmoins aux habitants du comté d'apporter et de consigner leurs bâtons et leurs armes au château de Mortain (1).

Le tableau, on le voit, était bien sombre.

Dans les années suivantes, il ne fit même encore que s'assombrir, car en 1564, les habitants de la ville de Mortain, pour être exonérés et *garantis du passage des Huguenots*, c'est-à-dire du pillage, durent se cotiser par souscriptions afin de verser cinq cents livres à M. de Montgommery (2). Malgré cette précaution qui pouvait devenir illusoire, car on ne guérit guère de la peur, le chapitre de Mortain crut devoir mettre en sûreté son trésor, ses valeurs, ses joyaux et ses ornements précieux. Il les confia, *pendant les troubles à la garde* du sieur d'Auce, qui n'en put rendre qu'une partie seulement l'année suivante (1565). Ce qui ne fut pas restitué par lui et fondu, car il n'avait pu tout sauver, fut estimé 22 marcs d'argent, pour chacun desquels il a été composé à 15 livres (3).

Bien plus, les Huguenots poussèrent l'audace jusqu'à établir un prêche à Milly. L'on vit même s'ouvrir à Mortain une école de petites filles, tenue par une femme Féron, *qui les instruisit au catéchisme de Genève*. Son mari était seul dans la ville de cette opinion. Mais beaucoup de gentilshommes du comté *y étaient fort opiniâtres et personne n'osait rien faire qui leur déplut, par crainte d'être menacé et battu.*

Entre les violences que tous ces faits avaient provoquées, nous tenons enfin à signaler l'assassinat du curé de Bion, dans son cimetière paroissial, parce qu'il avait voulu empêcher l'enterrement d'un huguenot. Il y avait eu aussi plusieurs enterrements de protestants, dans les églises elles-mêmes (4).

---

(1) Archives de la Manche. Manuscrits, série A, art. 1793, liasse.
(2) Archives de la Manche. Manuscrits, série A, art. 435.
3) Archives de la Manche. Manuscrits, série A, art. 437.
4) Archives de la Manche. Manuscrits, série A, art. 442, cahier in-f°.

Le portrait historique de Jehan du Touchet nous le dépeint comme un esprit extrêmement remuant et inquiet (1).

Il était évidemment fort jeune et n'avait pas encore atteint sa majorité, lorsqu'avec quelques compagnons il s'introduisit traîtreusement dans la ville épiscopale d'Avranches, le lundi 8 du mois de mars 1562.

A quelques jours d'intervalle, dans ce même mois de mars 1562, d'après une enquête, dressée par ordre du roi Charles IX, le 27 juillet 1566, à l'église collégiale de Mortain, *les trésors et maisons d'icelle furent saccagées et brûlées, les ornemɜnts, meubles d'icelle pris, spoliés, ravis et emportés, ensemble les papiers, lettres, titres, chartres et enseignements contenant la fondation, datation et augmentation de bien d'icelle perdus et adhirés* (2). Le corps et les reliques de saint Guillaume Firmat furent même enlevés de son tombeau, le 15 juin 1562, *à raison des séditions et saccagements d'églises qui pour lors régnaient et depuis ont régné* (3). Ils n'y furent réintégrés que quelques annés après, le 22 mars 1564 (4).

Ce fut aussi peu après qu'eut lieu le pillage de l'illustre abbaye de Savigny (août 1562), et le meurtre de l'abbé César de Brancas (10 décembre 1562), auxquels d'après toutes les probabilités du Touchet prit une part fort active. Il voulut, dans ces occasions, mériter la confiance de l'illustre Gabriel de Montgommery, le chef des réformés Bas-Normands, qui en fit plus tard l'un de ses principaux officiers.

La cathédrale d'Avranches excita principalement la convoitise de du Touchet : titres, reliquaires, or, argent, calices, vases sacrés, ornements somptueux, tout fut spolié dans un jour (5). Le palais épiscopal et les églises des faubourgs se virent dépouillés entièrement. Les plus rares objets seuls purent échapper à la fureur des pillards, parce qu'à l'avance ils avaient été

---

(1) Moréri. Grand dictionnaire historique. V. Touchet.

(2) Acte original à la bibliothèque publique de la ville de Mortain — Sauvage, Recherches historiques sur Mortain, p. 276.

(3) Louis Dubois, Mémoire sur le comté de Mortain, p. 209, 210 et 211. — Sauvage, Recherches historiques sur Mortain, p. 277.

(4) Louis Dubois, Mémoire sur le comté de Mortain, p. 209, 210 et 211. — Sauvage, recherches historiques sur Mortain, p. 217.

(5) Docteur Cousin. Manuscrits à la bibliothèque d'Avranches.

confiés à la garde des religieux du Mont Saint-Michel (1). Les
incrustations en argent, qui ornaient le tombeau de l'évêque
Richard Laine, n'obtinrent même pas grâce devant ces forcenés;
elles furent également arrachées et jetées à la fonte, et les osse-
ments, trouvés dans le tombeau, furent dispersés aux vents. Il
n'est pas, en un mot, d'avanies et de sacrilèges que le souvenir
du tout récent massacre de Vassy n'inspirât à ses terribles
vengeurs (2).

Enhardis même par l'impunité, les protestants parcoururent
le diocèse d'Avranches en tous sens, massacrant les prêtres,
pillant les églises et n'y laissant rien de sacré ni de précieux (3).
La désolation fut extrême.

Un traité, celui d'Amboise (19 mars 1563), vint mettre un
terme aux hostilités. Il fut bientôt violé et suivi d'un second
que Condé et Coligny imposèrent à la cour. Mais la paix
de Longjumeau, surnommée boîteuse et mal assise ne put être
longtemps respectée. Toute modération était sortie d'ailleurs des
conseils du roi avec les enseignements du chancelier de l'Hos-
pital, le plus beau caractère de ces temps malheureux. Peu
d'années après, la prise de la Rochelle qui devint la place
d'armes générale des protestants, et leurs défaites à Jarnac et à
Moncontour (1569), ne firent qu'animer davantage les deux
partis l'un contre l'autre. Enfin, la trêve de Saint-Germain fut
suivie de témoignages nombreux d'une feinte amitié qui cou-
vrirent une horrible trahison. Les protestants attirés en foule
à Paris, par les fêtes du mariage du roi de Navarre, proclamé à
16 ans le chef du parti, entendirent la cloche de Saint-Germain-
l'Auxerrois, sonner dans la Saint-Barthélémy la dernière heure
de plusieurs milliers d'entre eux (août 1572).

Plus clairvoyant que tant d'autres, du Touchet, après avoir
en vain pressé l'amiral de Coligny de sortir de Paris, avait
quitté la cour et s'était prudemment éloigné du danger (6).

---

(1) Des Rues, p. 360. — L'abbé Desroches, hist. du Mont Saint-Michel,
t. 2, p. 210.
(2) Delalande, hist. des guerres de religion dans la Manche, p. 31.
(3) Nicole, catalogue des évêques d'Avranches.
(4) Sully, mémoires, t. 1., p. 56.

L'un des premiers, il donna en Normandie le mot d'ordre des hostilités nouvelles. A lui, qui a longtemps bataillé sur les frontières, revient l'un des rôles secondaires. Il n'essaiera que plus tard, par une tentative hardie d'atteindre au rang suprême, pendant l'absence momentanée du fils de Montgommery.

Comme point de départ de cette ambition, pendant la nuit du 26 février 1574, avec Ambroise Lehéricé, dit le balafré, et avec René Le Héricé, dit Pissot, du Touchet (1) s'empara de la ville et du château de Domfront : tout l'honneur lui en revient exclusivement. Il pénétra dans la ville, tirant *force pistolades*, munit la forteresse de tout ce qui était nécessaire pour la mettre en état de défense, et réduisit les faubourgs en cendres (2). Il est même à noter que ce furent ces diverses circonstances qui encouragèrent Montgommery, quelques mois plus tard, à se retirer dans ce même château de Domfront où il fut fait prisonnier par le lieutenant général de Matignon, au nom de la haineuse Catherine de Médicis, l'ordonatrice de la Saint-Barthélémy.

Plus d'une fois, du Touchet avait vu son chef porter un regard d'envie sur le Mont Saint-Michel, ce rocher que la mer isole dans son flux et que couronnent toujours les vastes créations architecturales du génie religieux et guerrier de nos pères. Mais chaque fois il avait dû s'arrêter devant les difficultés infranchissables de l'entreprise. Pourra-t-il enfin réusssir aujourd'hui ? Une tentative, un coup de main hardi ne serait-il pas déraisonnable, et peut-être réussira-t-il à donner à son parti la forteresse inexpugnable qui a déjà résisté à tant d'efforts !

Les détails de cette action sacrilège ont été recueillis par de nombreux historiens dignes de foi : tous s'accordent dans leur récit. Cependant, quelques-uns varient de deux ans sur la date de cet événement, et nous acceptons celle de de Thou, de Masseville, de Moréri et de divers autres. Nous les résumerons autant que possible.

---

(1) C'est par erreur que Caillebotte, hist. de Domfront, lui donne le nom de la Touche.

(2) Caillebotte, hist. de Domfront, p. 27. — Séguin, hist. de l'industrie du Bocage. Introduction, p. 83.

Le 22 juillet 1575, jour de la Sainte-Madeleine, auquel les habitants de la petite ville du Mont Saint-Michel avaient coutume d'aller en pèlerinage à une paroisse voisine, on vit de très grand matin s'en approcher une troupe de 25 à 29 hommes, porteurs de bourdons, et précédés du guide ordinaire des pèlerins. Tout, dans leurs personnages annonçait la dévotion et l'humilité de ce caractère emprunté (1). Soit donc que cet air de componction n'éveillât aucun soupçon, où qu'ils eussent des intelligences au-dedans, ainsi qu'un auteur va nous l'affirmer plus tard, on négligea de les fouiller exactement à la porte, ainsi que l'ordonnait la consigne. Ces faux pénitents purent ainsi dissimuler leurs poignards et leurs pistolets.

Ils n'étaient cependant entrés que dans la basse ville. Mais, après l'aumône d'une messe, qu'ils sollicitèrent de l'hôtesse chez laquelle ils avaient déjeuné, il fut difficile de douter de leurs intentions, et de leur refuser l'entrée du saint monastère (2). On fut encore de plus en plus édifié à l'abbaye de leurs dévotions, tant à l'autel Saint-Michel qu'à celui de Notre-Dame-de-sous-Terre (3). Leur bande se divisa alors librement en plusieurs groupes, dont le premier se porta sur le Saut-Gauthier, tandis qu'un second se rangeait vis-à-vis de la porte du corps de garde et que deux ou trois autres descendaient à celle de la ville. Alors, sur un signal donné par un des faux pèlerins, on vit un peloton de douze cavaliers, embusqués dans un bois, éloigné d'une ou de deux lieues du Mont, partir au galop à travers les grèves, et se diriger sur le rocher. C'était du Touchet en personne qui les commandait.

Au même instant, le poste d'entrée est désarmé ; et, sur son refus de se rendre, un des soldats, nommé Le Fort, qui le composent est massacré. Il était alors 8 heures et demie environ du matin, et les moines étaient au chapitre. Mais un jeune novice courut jeter l'alarme, et les religieux épouvantés n'eu-

---

(1) Dom Jean Huynes. Manuscrit. — Dom Thomas Leroy. Manuscrit. — D'Aubigné, p. 170. — Masseville, hist. de Normandie, t. 5, p. 225. — Blondel, hist. d'Avranches, p. 59. — Desroches, hist. du Mont Saint-Michel, t. 2, p. 218.
(2) Anonyme. Hist. de France, édition de 1581, p. 285.
(3) Dom Thomas Leroy. Manuscrit.

rent que le temps.de se cacher en partie sons les voûtes. Les
assassins étaient en effet revenus sur leurs pas, et le massacre me-
naçait de s'étendre sur leur inoffensive confrérie. S'il faut en
croire deux historiens, un des moines, qui leur avait dit la
messe, ne fut pas épargné (1). Plus heureux que lui, le secré-
taire du chapitre, en même temps maître des novices, qui nous
a laissé ce récit, n'eut, comme il le dit, *en cette déroute*, que
que la moitié du col coupé d'un coup de couteau (2). D'autres
moines enfin, et plusieurs pèlerins véritables furent blessés dans
le tumulte de l'église.

Quelques diligents cependant, que fussent les cavaliers com-
mandés par du Touchet, ils ne purent atteindre le rocher avant
que les hommes de garde eussent abattu la herse de la porte de
la grève. Forcés alors de tourner bride, leur retraite se changea en
une déroute devant une compagnie catholique de quinze gentilshommes et de vingt arquebusiers à cheval que commandait un
enseigne de Matignon, Louis de la Moricière, sieur de Vicques,
et que le hasard, au cas où il n'eût pas eu vent du complot,
venait tout à coup de faire déboucher dans ces parages. Les
premiers arrivés étant ainsi abandonnés à eux-mêmes et traqués
dans les détours du monastère, se rendirent à la première som-
mation.

Cependant, au bruit de cette tentative sur le Mont Saint-
Michel, qui lui parvint vers onze heures du soir, Matignon
s'était déjà rendu à Avranches, prêt à marcher sur le point menacé. Mais il s'y arrêta lorsqu'il sut que la place avait été reprise,
et que le lendemain, à huit heures, la petite bande de huguenots, qui avait un instant trompé la surveillance de sa garnison,
en était sortie, l'air aussi contrit qu'elle y était entrée.

Malgré la capitulation, au moyen de laquelle de Vicques était
rentré dans le château, que les huguenots menaçaient d'incen-
dier (3), les châtiments que le silence absolu de nos annalistes
bénédictins du Mont pourrait faire révoquer en doute, si l'on ne
pénétrait aisément les motifs de leur réticence, les châtiments,

---

(1) De Thou, livre 60. — La Popelinière.
(2) Dom Hugues. Manuscrit.
(3) Blondel. hist. d'Avranches, p. 59.

disons-nous, commencèrent alors à être infligés avec une impi-
toyable rigueur. Quelques soldats obscurs de du Touchet, étant
tombés entre les mains de Matignon, furent pendus haut et
court ; tandis que pour avoir, soi-disant agi d'après les ordres du
prince de Condé, leur général, trois gentilshommes furent
noblement décapités, et leurs têtes furent envoyées pour rester
en spectacle au Mont Saint-Michel (1). Trois moines enfin, qui,
au dire d'un autre annaliste quotidien (2), avaient facilité l'introduction des huguenots dans la place, furent ignominieuse-
ment jetés à la mer. Pour s'être laissé surprendre et garotter, le
vieux chevalier René de Bastarné, capitaine du Mont Saint-
Michel, ne fut puni toutefois que par la perte de sa charge, dans
laquelle le roi Henri III se plut de lui substituer de Vicques,
qui prit le premier le titre de gouverneur de la place, que sa
vigilence avait su protéger (3).

De cet instant, du Touchet semble disparaître de l'horizon
politique, pour se borner à un nombre plus ou moins considé-
rable de déprédations, auxquelles il put peut-être présider, mais
qui pour la plupart furent évidemment commises sous son
nom, par ses subordonnés.

Du Touchet dut en effet se retirer alors à son château de la Cour
de Touchet, et, sans nul doute, ses anciens compagnons d'armes
qui battaient sans cesse les voies et les chemins du pays, vin-
rent souvent l'y trouver et lui demander asile pour quelques
jours. Les mémoires du temps affirment qu'il eut ainsi, presque
constamment autour de lui, pendant trois années entières, une
garde de deux cents hommes armés. Nourrir et héberger une
troupe aussi nombreuse n'était pas facile : la fortune de du
Touchet, quoique belle pour le temps, devait être cependant
limitée. C'est ainsi que peuvent s'expliquer un certain nombre
d'exactions qui ont été formulées dans les mémoires justificatifs
du procès criminel, dont nous allons signaler rapidement les
phases diverses.

---

(1) De Thou, livre 60.— La Popelinière.— Anonyme. Histoire de France,
édit de 1581, p. 285.
(2) De l'Estoile, tome 1, p. 89.
(3) Dom Thomas Leroy. Manuscrit. — Boudent-Godelinière, notice sur le
Mont Saint-Michel. 1845, p. 81 et 82.

Les protestants, sous le nom de du Touchet, prirent et s'emparèrent des tailles et des deniers du comte de Mortain et du trésor public, ainsi que des biens des églises, et de ceux du prieuré du Rocher, qui étaient considérables dans la paroisse de Touchet. Ils chassèrent même les religieux du Rocher de leur abbaye, et ceux-ci, au nombre de 12, se virent contraints d'aller à leurs journées pour gagner leur vie.

Un jour, paraît-il, le curé de la paroisse de Saint-Clément, surpris par la bande, un dimanche, au moment où il officiait la messe paroissiale, fut traîné par eux en habits sacerdotaux, tout le long de son église, battu à coups de bâtons, et laissé pour mort sous le portail de l'édifice.

Plusieurs habitants de Touchet, amenés au château de la Cour y furent retenus prisonniers jusqu'à ce qu'ils se fussent rachetés par une rançon pécunière, qui s'éleva une fois à la somme de onze mille livres. Mais, la plupart du temps, les vexations ainsi imposées au menu peuple se bornaient à la vente publique, en plein marché, de leurs animaux domestiques, de leurs bestiaux et de leurs meubles, dont les sicaires de du Touchet recevaient le prix.

Cependant, la commune renommée signalait quelques actes de brigandage. Elle allait jusqu'à dire que de sang-froid, et de ses propres mains, du Touchet avait tué *neuf hommes et femmes*, dans leurs lits, et qu'il avait pris leur argent et pillé leurs maisons. Elle l'accusait encore de faire battre et même pendre qui bon lui semblait. Enfin, elle lui reprochait quelques viols sur *femmes et filles*, et même d'avoir tué un avocat pour posséder sa femme (1).

Encore une fois, nous croyons que les véritables coupables de ces méfaits, voir même de ces brigandages et de ces crimes, se trouvaient au milieu de la troupe qui s'était ainsi campée de gré ou de force au château de Touchet, car les exécutions que nous venons d'énumérer avec détails s'opéraient *le tambourin sonnant*, non seulement à Touchet, mais encore dans les paroisses circonvoisines. C'était trop dire que du Touchet, personnellement, eût tout fait.

Mais fatalement tout, dans ce monde, a une fin.

----

(1) Archives de la Manche. Manuscrits, série A, art. 592.

Lasse de tant et de tant de brigandages, la population de la contrée se souleva contre du Touchet et ses bandes. Provoquée par les discours violents de Pierre Guillard, contrôleur en l'é-lection de Mortain, qui paraît avoir rempli dans cette ville les fonctions correspondantes à celles de receveur particulier des finances du comté, elle s'ameute tumultueuse, et se précipite comme un flot vers le bourg de Touchet et vers le château de la Cour. Le domicile seigneurial est violé. Mais, prévenu à temps, du Touchet s'en est échappé : il a fui et s'est réfugié dans les dépendances de son habitation. Saisi par les émeutiers, il est frappé de vingt coups mortels, dont le premier semble avoir été porté par Guillard, lui-même, plus tard le principal accusé (1). Tous semblent avoir frappé sur lui, comme dans une cible.

Ces faits paraissent s'être accomplis probablement vers les mois d'avril ou de mai 1579 (2).

Procès-verbal de l'assassinat est dressé séante tenante, par Martin de Saint-Vast, sergent royal en la vicomté de Bayeux. Puis le cadavre de du Touchet est jeté dans une voiture et trans-porté, par la foule qui l'entoure et qui lui sert de cortège, dans la crainte d'enlèvement, jusqu'à la prison de Mortain, où il est remis aux mains du geôlier, qui en demeure responsable pen-dant la durée des informations criminelles.

C'est alors qu'intervint Jacques d'Anfernet, écuyer, seigneur de Brécey, agissant au nom de Renée d'Oissey (3) son épouse, fille de Jacques d'Oissey.

D'Anfernet accourt à Mortain, à la tête de deux cents hugue-nots : il arrache de vive force de la prison et des mains de la justice le corps mort de son beau-père. Sous les yeux de la po-pulation entière, réduite au silence, du Touchet est reporté à à Touchet, et enterré dans l'église paroissiale par ses anciens soldats, *armés au blanc et le sabre au clair* (4).

Il faut convenir que dans ces temps de désordre, l'autorité

---

(1) Archives de la Manche. Manuscrits, série A. art. 592.

(2) Archives de la Manche. Manuscrits. série A. art. 592.

(3) Elle devait être fort jeune, puisque d'après nos calculs, du Touchet ne devait avoir que 3t. ans au moment de sa mort.

(4) Archives de la Manche. Manuscrits, série A. art. 592.

était bien faible pour ne pas pouvoir arrêter l'émeute dès son point de départ, pour laisser ainsi accomplir le meurtre par ses propres fonctionnaires et pour laisser une troupe de brigands violer les prisons et s'y emparer d'un simple cadavre, laissé sans défense aucune.

Ce fut alors seulement qu'au nom du duc de Montpensier, comte de Mortain, l'autorité judiciaire fit preuve, sur la plainte énergique de d'Enfernet, d'une certaine activité pour la repression du crime commis.

Après les informations préliminaires, l'affaire est, par ordonnance de renvoi du 23 septembre 1579, déférée au parlement de Paris. Des mémoires sont rédigés, tant au nom de l'action publique, qu'au nom de d'Anfernet et de la fille de du Touchet, qui se portent parties civiles. Ce sont eux qui nous ont fourni les éléments de reconstitution qui précèdent.

Nous connaissons déjà les principaux griefs que l'accusation reprochait à de du Touchet. Ils sont à nos yeux empreints d'une certaine exagération, car, encore une fois, beaucoup ont dû lui être imputés, dont il ne devait pas être rendu responsable.

Quant à la défense de d'Anfernet, elle est assez faible sur bien des points. Cependant, elle constate que du Touchet avait obtenu *une déclaration d'absolution et de pardon*, rendue par le roi Henri III, en son conseil privé, le 29 janvier 1578, pour la prise du château de Domfront, pour le pillage de la maison de Bordeaulx et la tentative de surprise exercée contre le Mont Saint-Michel. Aucun reproche ne pouvait donc lui être fait à cet égard. Sur les meurtres indiqués dans la plainte, elle affirme qu'aucunes informations n'avaient été faites contre la personne de du Touchet. Elle dit que celui-ci étant le fondateur de la prébende canonicale de Touchet, il n'avait fait rigoureusement que revendiquer des droits fiscaux lui appartenant. Enfin, à l'égard des vassaux et des hommes de ses domaines, il n'avait agi contre eux que d'après des actes licites et autorisés par justice. En conséquence, d'Anfernet donnait tout consentement à l'évocation de l'affaire devant le Grand Conseil et à l'appel des *assasinateurs* (1) du feu sieur du Touchet devant le parlement

---

(1) Nous n'avons jamais rencontré ailleurs cette expression pour désigner des meurtriers.

de Paris (1). L'affaire fut donc évoquée devant cette juridiction.

Elle comprenait six séries d'accusés, et ceux-ci étaient au nombre de vingt-six, savoir :

1° Pierre Guillard, contrôleur en l'élection de Mortain. Il semble avoir été le principal accusé : il était coutumace ;

2° 8 autres coutumaces : Jean de la Salle, Bernard de Chadois, dit La Chaussée, lieutenant de la compagnie du capitaine Bassse-Maison, à Bayeux, Georget Lafleur, sergent. Le capitaine Beaupuis, Richard Benier, Champaignot, soldat, Meneguy ou Mesgney Lejeune, de la paroisse de Brécey, et Jacques Josset, fils de Colas ;

3° 12 coutumaces également, offraient de se présenter devant la cour : Gilles Mariais-Bagotière, François Gérard, Saint-Vast, huissier, Mathurin Soyer, Marin Launay ou Delaunay, Colas Josset, Ambroise Grandin, Jacques Champs, Jehan Gallouin, sieur du Mesniltove, Jacques Josset, Bastien Combre ou Combré, et Jacques Combre ou Combré ;

4° Grandin, Josset et Champs avaient même consigné au greffe la somme de cinquante écus d'or à titre de caution et de garantie ;

5° Michel Josset, Jacques Champs, François Gérard dit Gérardière, Jacques Gérard et Brenouville étaient détenus dans les prisons ; ils n'étaient que cinq ;

6° Gérard-Gérardière et Josset avaient dû être relaxés, sauf à eux à se présenter ultérieurement devant la cour.

En définitive et pour résumer toute cette affaire, qui reste pour nous un peu obscure, la chambre criminelle du parlement de Paris rendit un arrêt à la date du 3 mars 1583. Cette sentence est fort longue et assez diffuse. Elle n'est plus dans les formes suivies de nos jours au palais. Afin de la rendre plus intelligible, nous emploierons les termes similaires actuellement adoptés et en usage, et nous en déduirons les conséquences suivantes :

L'arrêt que nous avons sous les yeux est un arrêt d'avant faire droit. Tout en prononçant défaut contre les coutumaces,

---

(1) Archives de la Manche. Manuscrits, série A, art. 592.

il donne acte tout d'abord de leurs déclarations aux parties qui offraient de se présenter. Puis statuant en la forme, il ordonna la jonction de leur cause à celle des parties qui étaient détenues dans les prisons, pour, après réassignation de celles-ci, être définitivement statué au fond.

Mais, statuant à l'égard de Guilllard, qui était dès lors considéré comme l'auteur principal et pour ainsi dire exclusif du crime déféré à la cour, aussi bien pour avoir provoqué directement l'émeute, que pour avoir évidemment frappé le premier coup ayant entraîné la mort violente de du Touchet, elle disjoignit sa cause de celle de tous les autres accusés, considérés seulement comme complices.

Alors, prononçant un arrêt par coutumace contre Guillard, la chambre du Grand Conseil du parlement le déclara convaincu d'homicide et le condamna à *être pendu et étranglé à une potence qui serait dressée sur la place publique de la ville de Mortain.*

L'exécution devait avoir lieu par effigie, si Guillard ne pouvait être appréhendé au corps.

Tous ses biens furent déclarés confisqués au profit du roi. Il fut ordonné de plus que sur ceux de ses biens qui se trouveraient exempts de confiscation, il serait prélevé une somme de cent écus d'or envers le roi, à titre d'amende. Enfin, cinq cents écus d'or furent accordés aux époux d'Anfernet, à titre de dommages intérêts. Guillard fut en outre condamné aux dépens.

Ce même arrêt, en ordonnant la réassignation de De la Salle, de la Chaussée, de Lafleur, de Beaupuis, de Brayer-Chantage, de Lejeune et de Jacques Josset, tous sept coutumaces (1), ordonnait qu'ils seraient appréhendés par corps, et que leurs biens seraient saisis et mis sous l'autorité de justice ; des commissaires furent commis à leur sequestre

Postérieurement, qu'il y ait eu capture ou non des contumaces, y eut-il une sentence définitive rendue contre les vingt-cinq autres parties ? nous ne nous en sommes pas préoccupés, peut-être à tort. Notre but en rédigeant cette étude avait été principalement et presqu'exclusivement de reconstituer l'exis-

---

(1) Le nom de Compaignot semble avoir été oublié et celui de Benier est changé en Brayer-Chantage.

tence mouvementée de du Touchet, et nous croyons y avoir réussi, puisque nous avons pu le suivre depuis sa minorité jusqu'à sa mort fort dramatique.

Quant à Guillard, soit qu'il ait purgé sa contumace et qu'il ait été acquitté, soit qu'il ait été *pendu* et étranglé par effigie, il avait contrevenu à nos yeux aux principes de toutes les nations civilisées, — et sous Henri III, on se piquait de civilisation, comme de tous temps sous la monarchie Française, — en se faisant arbitrairement justice de ses propres mains. Victime sans doute des déprédations de du Touchet, qui s'était approprié les deniers royaux et publics, et qui avait causé un préjudice certain au receveur des finances, au lieu d'avoir recours aux lois ordinaires de répression, il avait entraîné à sa suite une population entière, qu'il avait ameutée. Il avait provoqué directement au meurtre. Il devait donc incontestablement être responsable de ses violences, de sa faute et de la vengeance extra-légale commise par lui : c'était justice.

PIÈCES JUSTIFICATIVES

I

Notre personnage qui habitait au château de Touchet, près Mortain, et qui y a trouvé la mort, dans des circonstances fort extraordinaires, a été désigné par tous les auteurs contemporains sous le seul nom de *Du Touchet*. C'est à tort que M. le marquis de Touchet (note historique sur la maison de Touchet. Caen, Le Blanc-Hardel, 1879, p. 23, note), a voulu le rattacher à sa propre famille. S'il eût connu ses faits et gestes, il s'en fût gardé certainement, car au dire des mémoires du temps et des hommes d'un certain parti politique, du Touchet fut un véritable brigand selon toute l'acception du terme.

Il appartenait incontestablement à la famille d'Oissey, l'une des plus distinguées du comté de Mortain, et qui y possédait l'important fief d'Oissey, situé en la paroisse du Teilleul. Nous en trouvons les preuves certaines dans les aveux et dans les hommages renouvelés à diverses reprises et rendus aux détenteurs du château de Mortain.

La famille d'Oissey, dont le berceau est à Oissey, et qui s'y trouvait dès le règne de Philippe-Auguste au rang des chevaliers du Mortainais, s'était divisée en plusieurs branches. L'une d'elles, la cadette probablement, conserva longtemps le fief de Touchet, qui était un *plein fief de haubert*.

Nous n'osons, pour sa généalogie, nous en rapporter entièrement à Pitard *(nobiliaire du comté de Mortain)*, lequel est souvent fort confus. Nous préférons énoncer les mentions des hommages et des aveux passés par ses possesseurs successifs, tantôt aux rois de France, tantôt aux comtes de Mortain. Ces actes existent toujours ; on peut les consulter aux Archives Nationales. Ils ont d'ailleurs été mentionnés, pour la plupart, aussi bien dans les manuscrits inédits de Pitard, qu'au *sommaire du noble du comté de Mortain*, déposé aux archives de la Manche.

Ces actes, les voici :

Aveu du 2 novembre 1390, par Guillaume d'Oessé, du fief de Touchet, pour lequel il devait le service militaire *(le service d'ost)*, au château de Mortain. — Guillaume possédait encore Touchet en 1401, d'après la chartre de Navarre (Manuscrit inédit).

En 1463, Monfaut, commissaire du roi, signala Geoffroy d'Oissey comme demeurant à Touchet : il accueillit ses titres de noblesse.

Hommage pour Touchet, en 1485, par Geoffroy d'Oissey. Cette pièce était *scellée à simple queue de cire rouge*.

L'année suivante, le 5 mars 1486, le même Geoffroy, rendait aveu du même fief.

Un autre aveu de 1499 fut encore fait au nom de Geoffroy. Le 1er juillet 1524, les mêmes devoirs furent reconnus par Jean d'Oessé, dans les termes des précédents aveux. Jean y prend les titres et qualités d'écuyer, seigneur de Touchet et du Guast.

Enfin, par un dernier aveu du 1ᵉʳ septembre 1565, Françoise Des Loges, dame de Rouffigny, et veuve de Jacques d'Oissey, renouvelle les mêmes soumissions. Elle agissait au nom de son fils mineur, dont elle était la tutrice.

Ce fils mineur était bien notre huguenot que l'histoire n'a enregistré que sous le sinistre nom de *Du Touchet*.

Les armoiries des d'Oissey étaient : *D'azur à six macles d'argent, posées 3, 2 et 1.*

II

Du vingt-troysiesme jour de mars, l'an mil cinq cent quatre-vingt-trois.

Veu par la court en la chambre du conseil le procès criminel commencé à faire par les gens tenant le Grand Conseil et depuis continué par ordonnance de la chambre à la requête de Jacques d'Anfernet, escuier, sieur de Bressey, et demoiselle Renée Douessey, sa femme, pour raison du meurdre et homicide commises en la personne de deffunct Jehan Douessey, en son vivant escuier, sieur de la Vallée et du Touchet, demandeurs et accusateurs ; le procureur général du Roy, joinct avec eulx à l'encontre de Michel Josset, Jacques Champs, Martin de Sainct Vast, sergent royal en la vicomté de Baieulx, Jean de la Salle, soldat, François Gérard, dict Gérardière, Jacques Gérard, son frère, Collas Josset, Pierre Guillard, controlleur de l'élection de Mortaing, Ambroise Grandin, recepveur des tailles dud. Mortaing, Gilles Mariais, dict Bagotière, aultrement dict Desjoinct, Bastien Combre, Jacques Combre, Mʳᵉ Marin Laulñay, Mathurin Soier, aussi recepveur des tailles dud. Mortaing, Julian Grandin, dict Montbenoist, Jehan Gallouyn, sieur du Mesniltove, et ung nommé Brenouville, son serviteur ; les dicts Michél Josset, Ambroise Grandin, Jacques Champs, François et Jacques Gérard, prisonnniers en la conciergerie du palais.

Les lettres patentes du roy observées par le duc de Montpensier, comte de Mortaing et données à Paris le vingt-troysiesme jour de septembre mil cinq cent soixante et dix-neuf, par lesquelles il auroit renvoyè le procès d'entre lesdictes parties en ladicte chambre pour y estre jugez ainsi qu'elles verroient d'estre à faire arrests de lad. court du unziesme jour d'aoust mil V cent quatre-vingt ung, par l'un desquels auroit esté ordonné que le dict Guillard seroit adjourné à trois briefs jours à comparoir en icelle et qu'il seroit passé oultre au jugement du procès de ses complices et par l'aultre auroit déclaré les deffaulx à trois briefs jours observés à l'encontre desd. Gilles Mariais, Julian Grandin, Gallouyn du Mesniltove, Brenouville, son serviteur, Marin Delaunay, Jacques Josset, Jacques Champs, Bastien Combre et Jacques Combre, bien et deument observez et ordonné que les recollements faits tant au Grand Conseil que en ladicte court, les tesmoings ouys et informations contre eulx faites vauldroient confrontation suivant l'ordonnance.

Lesdicts arrêts de ladicte court des cinquiesme septembre mil V cent quatre-vingt deux par lesquels auroit entre aultres choses esté ordonné que le cappitaine Bernard de Chadois, lieutenant de la compaignye du cappitaine Bassemaison, à Baieulx, le sergent Lafleur, le cappitaine Beaupuis, Richard Benier, marchand, demeurant à Avranches, Champaignot soldat, Mesgney Le Jeune, de la paroisse de Bressey, Jacques Josset, fils de Colas et frère dud. Michel, seroient prins au corps et amenés prisonniers en ladicte conciergerie pour y estre tenus à droict : et à faulte de les pouvoir aprehender adjournez à trois briefs jours à comparoir en ladicte court, leurs biens saisis, commissaires y establys, la signification desdicts arrests et adjournements à trois briefs jours faicts suivant iceulx les deffaulx avant obtenus en icelle tant à l'encondre dudict Guillard que Collas Josset, les dix-huict et vingt-quatriesme novembre et deuxiesme décembre mil cinq cents quatrevingt-ung ; aultres arrests du dix huict aoust mil v cents quatrevingt-deux et vingt janvier dernier ; signiffication faicte d'iceulx à maistres Jehan Lambert et... *(sic)* couële, procureurs desdicts accusez ; requeste présentée à ladicte court par ledict duc de Montpensier le... *(sic)* jour de... *(sic)* mil V cents quatrevingt deux et ouys et interrogez en ladicte court lesdicts Ambroise Grandin, Michel Josset, Jacques Josset, François et Jacques Gérard, sur les cas à eulx reprochés en tous articles.

Il sera dict en tant que ce qui touche lesdicts Ambroise Grandin, Michel Josset et Jacques Champs, que ladicte court a

ordonné et ordonne que dedans trois jours ils nommeront tesmoings
par lesquels ils entendent prouver et vériffier les faicts et reproches
par eux alleguez contre aucuns tesmoings à eulx confrontez et
faulcement seroit par eulx nommés, seront ouys et examinez
d'office à la requeste dudict procureur général du Roy et le
commissaire qui sera ad ce par elle commis et pour satisfaire
aux frais ad ce nécessaires consigneront iceulx Grandin, Josset
et Champs au Greffe criminel de ladicte court la somme de
cinquante escus d'or tournois sauf à consigner plus grande
somme s'il y eschet, pour ce faict rapporté et veu par ladicte
court estre ordonné ce que de raison et quant auxdicts François
et Jacques Gérard, Sainct-Vast, Mathurin Soyer, Maistre Marin
Delaunay, Bastien et Jacque Combre, Julian Grandin, ung
nommé Brenouville, Gérard dict Gérardière, et Colas Josset,
ladicte cour a reçu et reçoit les parties en procès ordinaire a
ordonné et ordonne qu'ils feront leurs faicts et interdictions et
articles à huictaine, ausquels jours ils répondront par additions
à la huictaine ensuivant, un moys après informeront ou feront
preuve et enqueste de leursdicts faits tant par lettres que tesmoings, produiront tout ce que bon leur semblera, bailleront
contedicts et salvations contre les productions l'un de l'aultre
et cependant que lesdicts François et Jacques Gérard Sainct
Vast, Soyer, Delaunay, Combre, Julian Grandin, Brenouville,
Gérard dict Gérardière et Colas Josset seront élargiz, partant en
faisant pour eulx les submissions d'eulx représenter en l'estat
ou faille au jour de la reception desdictes requestes sur peyne
d'estre déclarez actraincts et convaincuz des cas à eulx imposez
et estre sans domicille, tous despens, dommaiges et interests
réservez.

Ladicte court a condamné lesdicts Sainct Vast, Soyer, Launay,
Combre, Julian Grandin, Brenouville, Gérard dict Gérardière
et Colas Josset, chacun pour leur regard tels que de raison ; et
pour le regard dudict Pierre Guillard, ladicte court a déclairé
et déclaire lesdicts deffaulx et contumaces bien et deument
observez, et pour le proffict d'iceulx l'a déclairé et déclaire
actainct et convaincu en la personne dud. deffunct Douessey.

Et pour réparation d'icelluy l'a condamné et condamne à estre pendu et estranglé à une potence qui, pour ce faire, sera dressée en la place publique de la ville de Mortaing, si prins et apréhendé peult estre à sa personne, synon par effigie. A déclairé et déclaire tous et chacuns de ses biens estans assis et scitués en païs sur confiscation à biens acquis et confisqués ce que il appartiendra, sur lesquels, et sur ceux non subjects a confiscation sera prinse la somme de cent escus d'or tournois d'amende envers le Roy, et cinq cens escus que ladicte court a adjugez et adjuge auxdicts d'Enfernel et Douessey, sa femme, pour leur réparation civille ; et oultre l'a condamné et condamne ès despens dudict procès pour son regard envers yceulx d'Enfernel et Douessey, tels que de raison ;

Et en tant que touche Jehan de la Salle, le cappitaine Bernard La Chaussée, lieutenant de la compagnie Bassemaison, Georget Lafleur, le cappitaine Beaupuis, Jehan Brayer-Chantage, soldat, Meneguy Le Jeune, de la paroisse de Bressey et Jacques Josset, ordonne ladicte court que suyvant les droicts de prinse de corps cy-devant réservez contre eulx, ils seront prins au corps et menez prisonniers ès prisons de la conciergerie du Pallais, après pour estre à droict et à faulte de les pouvoir aprehender adjournez à trois briefs jours à comparoir en icelle à certain jour, leurs biens saisis et commissaires y establys. Et sur la requeste présentée par le duc de Montpensier, ordonne ladicte court qu'elle auroit audience et feroit exprès en icelle au premier jour et après ce seroit requis ce que de raison.

Signé : BRISSON, LEMAISTRE et HABNIT (1).

---

(1) Minutes originales du parlement de Paris.

Archives nationales. Section judiciaire. Cote X 2 B. 124. — Et extrait aux Archives de la Manche. Fonds de Failly. Manuscrits. Série A. art. 592.

AVRANCHES, IMP. TYP. ET LITH. DE JULES DURAND